ANNA SAILER

Tagdenker

Anna Sailer

Tagdenker

Poetry

Impressum

Bibliografische Information der Deutschen
Nationalbibliothek:
Die Deutsche Nationalbibliothek verzeichnet diese
Publikation in der Deutschen Nationalbibliografie;
detaillierte bibliografische Daten sind im Internet über
http://dnb.dnb.de abrufbar.

Umschlagmotiv Hintergrund: Tatjana Glamocanin
Autorenfoto: Beate Oberhauser

Herstellung und Verlag: BoD – Books on Demand,
Norderstedt

ISBN: 978-3-7519-5709-0

Du steckst fest zwischen „Ich kann nicht", „Ich soll nicht" und „Ich darf nicht" und vergisst dadurch das Wesentliche: „Ich muss nicht."

LAUTE WELT

Die Welt ist zu laut.
Sag', wie schalt' ich das aus?
Dreh' die Musik hoch.
Die Gedanken werden leiser.
Doch mein Herz wird heiser.
Es schreit und tobt in meiner Brust.
Der Kopf ist nur noch müde vor Frust.
Der Körper giert nach Glückshormonen,
und findet sie wieder in Zuckergallonen.
Wo ist die Umarmung, meine rettende Hand?
Bin ich zu hoch geflogen,
und hab' sie verbrannt?

WAS DU ALLES NICHT KANNST

Schreiben?
Nein, das kannst du nicht.
Poesie?
Ach, wie lächerlich.
Hübsch?
Bist' nur mit sehr viel Schminke.
Sexy?
Liegt nur am richt'gen Winkel.
Musik?
Befreit dich laut und stark.
Heavy Metal.
Wie kein „normaler" Mensch es mag.
Instrumente?
Wirst sie nie perfekt erlernen.
Backen?
Jeder deins verschmähen.
Selbstbewusst?
Fang' nicht damit an.
Kreativ?
Ist nur dein Nebenmann.
Liebe?
Gibt´s, wenn dich bemühst.
Anerkennung?
Wenn harte Arbeit nicht verschmähst.
Erfüllung?
Nur mit Kind im Leib.

Selbstzweifel?
Treuer Begleiter, ewig Geleit.
Karrierefrau!
Das solltest du werden.
Glücklich?
Wirst nur unter Tränen.

DER NERD, DER NICHT DAZUGEHÖRT

Ihr redet von Sport,
ich höre zu.
Erzähle ich,
verschwindet ihr im Nu.

Bücher, Gedichte,
das sagt euch nichts.
Filme, Serien,
was breite Massen anspricht.

Schimpft euch gebildet,
fühlt euch überlegen.
Doch mein Wissen,
soll ich nicht weitergeben.

Offen, tolerant,
so wollt ihr sein.
Lästert über andere,
die nicht wahren euren Schein.

Hört ihr mir zu,
dann nur im Stillen,
damit andere
sich nicht dazugesellen.

Andersartigkeit
wird selten akzeptiert.
Ihr unterdrückt eure Triebe,
die ihr selbst nicht kontrolliert.

Ich bin anders,
und hab euch erhört.
Ich bin der Nerd,
der nicht dazugehört.

HÖR MIR ZU

Halt!
Stopp!
Nein, so bin ich nicht!
Hör mir zu!
Dann erkennst du mich.
Mein wahres Ich,
nicht deine Vorstellung davon.
Sei ganz offen,
damit ich zu dir komm´.
Verurteile nicht,
lass mich erzählen.
Freue dich,
hör auf zu verschmähen.
Was du nicht verstehen kannst
oder willst.
Auch wenn du denkst,
dass du damit hilfst.
Hilfst du nur dir selbst,
und deinem Bild,
welches du ohne fragen von mir spinnst.
Halt!
Stopp!
Nein, so bin ich nicht!
Hör mir zu!
Dann erkennst du mich.

WORTSCHMERZ

Fett
bist
du
und
ungeliebt.

Noch
dazu
untalentiert.
Keine
Freunde,
die
dich
lieben.

Worte
schmerzen
mehr
als
Hiebe.

WER LEBEN MUSS, DER WILL AUCH LEIDEN

Ihr wollt' erzählen, was euch bedrückt,
doch wie es anderen geht, interessiert euch nicht.
Stets übertrumpft ihr mit euren Geschichten,
die anderen werden zuhören müssen.
Ihr ladet euer Päckchen den Schwachen auf,
und nehmt damit Zusammenbrüche in Kauf.
Nicht nur eure Last, sondern auch die Eigene,
müssen sie tragen.
Die werden sie nicht los, da müsstet ihr fragen.
Auch wenn das Wort wird mal erhoben,
blickt ihr peinlich berührt und denkt „Wie
verschroben!".
Ihr nehmt sie nicht ernst und gebt auch nicht
acht,
bis der Schwache endlich sagt „Gut' Nacht".
Doch soweit muss es nicht kommen,
werden auch Sorgen anderer wahrgenommen.
Habt ein gutes Ohr und hört auch zu!
Das gibt so manchen neuen Lebensmut!

DER SCHMERZHAFTE PART, Teil 1

„Doch lass uns erst wieder küssen,
wenn wir uns nicht mehr missen müssen.
Wenn wir füreinander bestimmt sind
und unsere Liebe wieder finden",
sprach sie und ihr Herz ward' schwer.
Er nickte zustimmend, doch tat noch mehr.
Seine Hand fuhr langsam über ihr Gesicht.
Leise raunte sie nur: „Nicht."
Während sich ihre Lippen zu einem Kuss
vereinten,
der alle Schmetterlinge nochmal fliegen ließ,
bevor sie sich entzweiten.

DER SCHMERZHAFTE PART, Teil 2

Beschämt und wütend ging sie voll Schmerz.
„Wie konnte er nur?", schluchzte ihr Herz.
Was sie beim Weglaufen nicht erkannte,
waren die Tränen, die in seinen Augen brannten.
Sein Herz schlug schwer in seiner Brust.
„Es ist das Beste, auch wenn du sie jetzt gehen
lassen musst."
Betrübt schritt auch er von dannen,
hoffend sie hätte seine Geste verstanden.

WAS DU LIEBST

Ich mag Texte, die Liebe zum Ausdruck bringen.
Auch wenn ich mit Tränen in den Augen ringe.
Alle erinnern sie mich an dich, an uns.
An all die schöne Zeit, war sie umsonst?
In meinem Herzen klafft eine Wunde in Form von
dir.
Was, wenn ich mich in mir selbst verlier'?
Entgegen meiner inneren Triebe,
ließ ich dich ziehen, aus Liebe.
So rede ich es mir ein.
Denn was man liebt,
das lässt man los
und so soll es sein.
Nur leider weiß ich nicht,
ob du das bemerkst.
Ob du siehst, was mich tagtäglich schmerzt.
Zuletzt stirbt nur das Hoffen,
so werd' ich dich wohl vergessen müssen.

SAG' MIR

Sag' mir, wie ist es, glücklich zu leben,
ohne das quälende Bedürfnis zu sterben.

Sag' mir, wie ist es nicht denken zu müssen,
das Rezept der Lebensfreude zu wissen.

Sag' mir, wie ist es ohne Traurigkeit
aufzuwachen,
mit dem Gedanken heut' wieder alles zu schaffen.

Sag' mir, wie ist es, nie daran zu denken zu
sterben,
weil die Lasten immer schwerer werden.

Sag' mir, wie ist es, sich nicht verantwortlich zu
fühlen,
auch wenn Fehler zum Leben dazugehören.

Sag' mir, wie ist es, glücklich zu sein?
Sag' mir, wie mach' ich dieses Gefühl mein?

SKY FALL

Ich habe keine Angst vorm Fall.
Der Sprung ist´s, den ich fürcht´.
Fest ums Geländer meine Hände sich krallen.
Damit Versuchung mich nicht find´.

SINNLOS

Tod
Mein Kopf
Die Sinne
Was
Wenn ich mich
Selbst umbringe

Sinnlosigkeit
(des Lebens)
Wiegt schwer
Meine Seele
Erträgt´s kaum mehr

SINNLOS 2

Und plötzlich hat jeder eine gute Meinung über
dich.
Denn schlecht über Tote reden gehört sich nicht.
So wünscht' ich ab und zu, ich wäre tot,
und würde sehen von oben zu.
Nur um hören zu können,
welch wunderbare Gedanken manche über mich
hegen.
Nicht der Neid, die Wut, das Ignorante.
Nein, das Schöne, das Witzige, für mich
Unbekannte.
Dann würd' ich lächeln, glücklich in mich hinein,
doch könnt' nichts mehr tun, unsichtbar
schwebend,
allein.
So versuch' ich mir selbst die schönen Worte zu
geben
und verdränge somit die Worte, die mich knebeln.
Vor dem Spiegelbild stehend betrachte ich mich
im neuen Licht.
Gib mir in Gedanken eine Umarmung und sage
mir selbst:
„Dich lasse ich nicht im Stich!"

FLUCHT

Das starke Bedürfnis von Zuhause zu flüchten.
Eine Flucht, um mir selbst nicht begegnen zu
müssen.
Die laute Musik im Auto überspielt
meine Gedanken, die singen ein qualvolles Lied.
Wo bin ich? Wohin mit mir?
Lauf Wirrwarr, bevor ich erfrier.
Kalt und finster ist es, wo ich nie hinwollte.
Wo ich unabsichtlich hineinstolperte.
Ich sah mich um und mir wurde klar,
meine Sorgen, alles andere als wahr.
In Dunkelheit erstrahlte hell,
in weiter Ferne mein Glück so grell.
Es scheint nun allein und erleuchtet
den Weg, den ich nun gehen möcht'.
Ich halte es fest mit starkem Griff,
mit ihm gibt's nichts, was ich jetzt fürchten
müsst'.
Die Zukunft erstrahlt nur mehr strahlend hell,
allein zu sein, ist nicht mehr furchteinflößend
still.

KOPFNEBEL

Ein Nebel, der sich im Kopf verbreitet.
Meine Sinne betrübt und immer weiterschreitet.
Bin anwesend, aber doch nicht da.
Erst, wenn ich in deine Augen seh', wird alles
klar.
Der Nebel zieht vorbei mit all dem Kummer,
die verworrenen Stimmen werden stummer.
Mein Kopf wird befreit von dieser Last,
wenn du mir so herzlich in mein Gesicht lachst.

DREI HERZEN

Zwei Herzen brechen,
deins dazu.
Manch Kluger fragt sich nur:
Wozu?

ENTTÄUSCHUNG

Wut bäumt sich auf.
Enttäuscht?
Traurig?
Ich komm' nicht drauf.

Hatte Erwartungen,
keiner konnte sie erfüllen.

Doch soll ich böse sein?
Wenn meine Gedanken sind nicht dein?
Nein, nein!
Das ist unrecht, so bin ich nicht.

Eine Enttäuschung ist eine Erwartung,
die nicht der Realität entspricht.
Eine Erwartung, die nur in meinem Kopfe spinnt,
ohne dein Wissen, worum es geht.

Also lass' ich dich in Ruh' und den Ärger
verstummen.
Bis die Wut in mir ist abgeklungen.

Ich vergebe dir deine Unwissenheit,
was irrsinnig ist, weil du davon gar nichts weißt.

PRO UND CONTRA

Das Herz sagt Pro.
Der Kopf sagt Contra.
Das Herz schreit: "Was soll das?"
Der Kopf nur: "Komm runter."

FARBENSPIEL

Blau der Kummer
Gelb so grell
All die Farben
Strahlen hell
Grün die Hoffnung
Rot die Wut
Mach' dir doch ein wenig Mut
Weiß die Unschuld
Schwarz der Tod
Beides unser täglich Brot
Viele Töne
Diese Pracht
Sieh das Leben
Wie es lacht

ICH GEB' DICH NICHT AUF

Ich sage dir
Ich liebe dich
Ich liebe dich
Ich liebe dich
Immer wieder
Doch du hörst mich nicht,
weil du von einer dicken Mauer eingeschlossen
bist.

Ich streichle dich,
berühre dich liebevoll.
Du fragst mich nur, was das soll.

Ich sage dir liebe Worte.
Gedanken – nur die Guten.
Doch um fröhlich zu leben, fehlt dir der Mut.

Sag' mir doch,
was kann ich tun,
dass du dich nicht weiter entfernst,
damit die Welt dich nicht zuletzt zu früh verliert?

Du bist noch nicht soweit zu gehen,
aber nach Gedanken kommen Worte und dann
Taten,
das weiß bekanntlich jeder.
(so auch du)

Wie weit bist du noch davon entfernt,
wenn du dich nicht mehr nur innerlich verletzt,
sondern dir auch schon äußerlich Schaden
zufügst?
Wie lang brauchst du? Was brauchst du?
Bis du merkst, dass du, so wie du bist, genügst?

Ich geb' nicht auf.
Nein, ich geb' dich nicht auf!
Ohne dich kann ich nicht sein,
denn du bist ich und ich bin du.
Nur seh' ich ab und an von oben zu.
Kann dir in dem Moment nicht helfen.
Dich nicht retten.
So wie ich andere rette.

Also red' ich dir gut zu.
Immer, wenn ich es kann.
Wenn du mich lässt.
Und werde dich leiten.
Irgendwann.
Denn,
ich geb' dich nicht auf,
ich lass' dich nicht sein,
bis du erkennst:
Das Leben stellt dir nur ab und an ein Bein.

LIEBLINGSCAFE

Loungemusik
So laut
Fettgeruch
Auch penetrant

Menschen reden
Unaufhörlich
Kaffeemaschine brummt
Es stört nicht

Ein Lachen hier
Ein Glas fällt um
Die Tür geht auf
Dum Dum dum

Milchaufschäumer
Und Fritteuse
Kleine Kinder
Viel Getöse

All die Geräusche
Nehm' ich war
Während Sahne
Sich verfängt in meinem Haar.

SONNENMENSCHEN

Wenn ich falle,
hilfst du mir auf.
Muss nicht gefallen,
nimmst mich in Kauf.
Wirkst inspirierend,
stark auf mich.
Wenn wir philosophieren,
kommt einiges ans Licht.
Bist immer ehrlich
und auch klug.
Befällt mich Kummer,
gibst du mir Mut.
Auf dich zählen
kann ich Tag für Tag.
Ich hoffe,
dass du mich auch so magst.
Mein „Inner Circle" -
Freund bist du.
Mein Sonnenmensch,
mein zweiter Schuh.

AN ALL DIE JUNGS, DIE ICH GELIEBT HABE

Das hier ist euer Liebesbrief,
auch wenn´s komisch klingt.
Denn lang ist´s her,
mein „Ich liebe dich"

Jeden einzelnen von euch hab' ich geliebt.
Jeden ein wenig anders und doch mit demselben
Antrieb.

Jeder von euch hat mir Neues beigebracht,
mir eine neue Perspektive auf das Leben
verschafft.

Jeder von euch war wichtig für meinen Weg,
und mit jedem von euch hab' ich gerne ein Stück
weit gelebt.

Mit dir Mr. Sunshine fang ich an,
dein Lachen hatte einen wunderbaren Klang.
Du hast mir gelehrt, anders zu sein ist okay,
solange man mit Überzeugung dazu steht.

Mit dir durfte ich vieles entdecken zum ersten
Mal,
nichts davon fühlte sich an wie eine Qual.
Du gabst mir das Gefühl, so wie ich bin, bin ich
gut.
Unsere Geschichte endete drastisch,
mir fehlte noch Mut.

Gleich darauf kamst du, Mr. Money, bei mir an,
du lehrtest mir, wer hartnäckig ist, kommt
schneller dran.
Dein Materialismus lehrte mich, was ich nicht
will,
mit dir vertiefte ich eben Erlerntes und das nicht
still.

Auch vieles Neues durfte ich mit dir erleben,
nach einem Ende liegt ein neuer Anfang direkt
daneben.
Unsere Romanze war kurz aber nicht
wegzudenken,
ich bin gespannt, was das Leben wird uns noch
schenken.

Mr. Honey folgte im Anschluss dann.
Du zogst mich mit deiner Männlichkeit sofort in
den Bann.
Der Flug mit dir war hoch und kurz,
umso schmerzvoller dann der Sturz.

Von dir durfte ich lernen geduldig zu sein,
zu hinterfragen, zu lernen alle Männer sind nicht
gleich.
Der Mann lässt sich nicht von Zeitschriften
entschlüsseln,
er ist ein Mensch, wie jeder andere, an dessen
Wort ich glauben müsse.

Nach dem Sturz rannte Mr. Niceguy heran,
der mich schützend nahm in seinen Arm.
Du lehrtest mir wie Familie sein sollte,
was es heißt, hinter jemanden zu stehen, den
man an seiner Seite wollte.

Ich lernte Harmonie in einer Beziehung kennen,
und was es heißt, vor Problemen wegzurennen.
Von dir war es schwer mich zu trennen,
ich liebte uns, doch musste ich mich erst selbst
kennenlernen.

Mr. Knight passt nicht so recht in die Liste,
du warst so wichtig, dass ich dich nicht möchte
missen.
Du gabst mir Zuflucht, einen Ort Geborgenheit,
den ich Zuhause nicht fand, die Wahrheit hab' ich
nie gescheut.

Durch dich konnte ich meine eigenen Muster
durchbrechen,
mit dir konnte ich von Beginn an unverblümt
sprechen.
Du hast mir gelehrt, meine Fehler sind
liebenswert,
und dass auch das Ende von etwas Platonischem
wie Hölle schmerzt.

Das alles ist natürlich nur meine Sicht.
Wie ihr fühlt, was ihr denkt, das weiß ich nicht.
Ich bin dankbar für jeden einzelnen von euch,
deshalb fielen mir diese letzten Worte auch so
leicht.

LIEBESGEDICHT AN MEINEN KÖRPER

Das hier ist dein Liebesgedicht,
ich hab's geschrieben nur für dich.
Viel zu lange hab' ich dich gequält,
doch endlich dich zu schätzen gelernt.

Du trägst mich seit ich denken kann,
weiß ich nicht weiter, ordnest du Pausen an.
All die Farben machst du mir begreiflich,
jede Bewegung seh' ich auch im dunklen Licht.

Du lässt mich schmecken, was lecker ist
und hören, was lieblich klingt.
Dank dir kann ich riechen, wer zu mir passt
und die Person halten, wenn sie mich lässt.

Du kribbelst mich vor Freude,
und versetzt mir Stöße, wenn ich heule.
Durch dich empfind' ich Lust in mir,
und auch die Angst, wenn ich erfrier'.

Dein Alarmschalter ist jederzeit bereit,
doch ich muss noch lernen deine Sprache, wenn
du schreist.
An der Kommunikation, da haperts noch.
Doch du bewahrst mich davor, zu fallen in ein
Loch.

Mit Bewegung und Dehnung erfreue ich dich,
und am nächsten Morgen du mich leider nicht.
Wir streiten oft und laut,
deshalb schalte ich gerne mal auf Pause.

Am Morgen danach zeigst du mir dann,
dass ich nicht lange böse sein kann.
Jedes Erwachen ist ein Neuanfang,
unsere Beziehung wächst daran.

Auch wenn die Schenkel voller Grübchen
strahlen,
der Bauch sich wölbt von all den Mahlen,
bist du perfekt so wie du bist,
deshalb ist das auch dein Liebesgedicht.

DEIN KÖRPER, MEIN BEGEHR

Stahl-blau
Haare
Kuschlig
Weich

Grau-braun
Vollbart
Haut
Schneeweiß

Lachen
Falten
Ernst
Gesicht

Grübchen
Runzeln
Blick
Gedicht

Popo
Porno
Sexy
Du

Wohlig
Wärmend
Liebe
Ruh

MEIN LIEBLING (Part 1)

Futter, das ist dein größtes Begehr.
Dafür tust du alles,
das fällt dir nicht schwer.

Du springst vor Freude,
hüpfst herum.
Öfters fällst du auch mal um.

Das tut dir nichts
und schon gar nicht weh.
Robust bist du,
jedoch nicht schwer.

Dein Fell glänzt silbern in der Sonne.
Es leuchtet Kupfer – Weiß
und interessiert dich nicht die Wonne.

Beide Augen strahlen im Licht,
eines blau,
das andere braun.
Nur du selbst weißt davon nichts.

Viele bezirzt du mit deinem lieben Blick.
Du haust sie übers Ohr.
Deinen Schmäh durchblicken sie nicht.

Bist intelligent
Manchmal zu sehr.
So machst du uns
das Leben auch schwer.

Doch springst du freudig auf uns zu,
wedelst dabei noch alles um.
Sind wir glücklich dich zu sehen
Und denken uns: „Ach sei es drum."

Bist unser Glück und unser Herz
Der Liebe niemals Schwund
Ganz einfach
Der weltbeste Hund

GENIEßEND

Schweiß auf Schweiß
Haut auf Haut
Hände berühren
So vertraut

Prickelnd verlangend
Elektrisch gefühlt
Begierde tierisch
Ganz durchgewühlt

Innig
Vereint
Geliebt
Vertraut
Ein Höhepunkt
Gemeinsam
So stark
Und erlaubt

Feuerwerk der Seelen
Verbunden zu zweit
Kuscheln
In trauter Zweisamkeit

DEIN GEDICHT NR. 100

Ich begehre dich.
Nicht nur deinen Körper, auch deinen Geist.
Nicht nur deine Haare, auch dass du alles weißt.

Nicht nur deine Umarmungen, auch deine Worte,
obgleich sie nicht immer sind von der sanften
Sorte.
Nicht nur deinen Duft, auch dein Lachen,
auch deinen Drang, alles sofort zu machen.

Nicht nur dein Gesicht, auch deinen Charme,
der dich machte zu meinem Schwarm.
Nicht nur deine perfekten Augen, auch dein
Gespür,
mit dem du schnell erkennst, was ich fühl'.

Einfach alles ist perfekt an dir,
so merke ich auch, du passt zu mir.
Vor Jahren gefunden, für immer vereint.
Gemeinsam leben in trauter Zweisamkeit.

UNIVERSEN KOLLIDIEREN

Dein Universum ist dem meinem so ähnlich,
sag' mir, aus welchem Leben kenn' ich dich?

Waren unsere Seelen schon ewig vereint,
bevor der Tod sie immer wieder hat entzweit?
Waren wir Liebende vor hunderten von Jahren,
oder entsprangen wir denselben Ahnen?

Waren wir schon immer ein Herz und eine Seele,
welche auf ewig verzweigt sind in beiden Leben?

Sind wir wie die Sterne, die am Himmel stehen?
Erkennen wir uns erst, wenn Vergangenes bereit
ist zu gehen?

Sind wir wie der Frühling und der Herbst,
so ähnlich, so schön, nur ganz umgekehrt?

Sind wir Geschwister im Herzen wie im Geiste,
bist du mein Seelenmensch, nach dem ich
dürste?

Sind wir Figuren, geschrieben von ein und
derselben Hand,
oder hab' ich dich schlichtweg schon immer
gekannt?
Sag', müssen wir uns ewig wiederfinden,
um unsere Welten miteinander zu verbinden?

MEIN LIEBLING (Part 2)

Du siehst mich an,
und ich seh' dich.
Sehr genau
studierst du mich.
Du hoffst,
angesprochen zu werden,
doch beschwichtigst dann mit einem Gähnen.
Dein Atem stockt,
die Ohren gehen zurück.
Was du alles hören kannst,
ist schon verrückt.
Du siehst mir in die Augen,
zuerst ins Linke, dann ins Rechte.
Dein Schwanz wedelt hoffnungsvoll.
Als du erkennst, dass ich nur schreibe,
legst du dein Gesicht demonstrativ zur Seite.
Du seufzt laut stark und schließt die Augen.
Welch' wunderbares Wesen du bist,
ich kann's kaum glauben.

LIEBE FRAUEN,

ich werde euch immer stützen,
gerade dann, wenn eure Erfolge mir nichts
nützen.
Ich werde eure Meilensteine feiern und
hochloben,
besonders dann, wenn ihr liegt am Boden.
Ich werde hinter euch stehen,
wenn Kritiker euch am Boden sehen.
Ich werde euch ermutigen, nach den Sternen zu
greifen,
damit ihr auch werdet das Größte erreichen!
Ich werde eure Schönheit aufzeigen, Tag für Tag,
gerade wenn euch ein schlechter Gedanke plagt.

Auch wenn man es uns von Anfang an lehrt,
zu konkurrieren ist ganz und gar verkehrt.
Keine von euch sehe ich als Konkurrentin an,
ihr seid Mitstreiter im selben Kampf.
Ihr seid schön und so auch ich,
vergleichen kann man Schönheit nicht.

Wir sind Mütter, Pfleger und Ingenieure,
wir sind Dichter, Denker und in Chören.
Wir sind schwach, schön und stark.
Wir sind bunt und niemals fad.
Wir sind leise und auch laut.
Wir sind erfahren, doch nie verstaubt.

So ist das mein Appell an euch alle,
gebt euch die Hände, stützt und haltet.
Gemeinsam sind wir mutig und stark,
hört auf zu zweifeln, das Leben ist so schon hart.

UNSERE LIEBE

Unsere Liebe ist ehrlich,
flauschig und weich.

Unsere Beziehung,
ein Traum,
verbunden,
so reich.

Viele Interessen teilen wir,
leidenschaftlich genießen wir sie.

Eng umschlungen,
harmonisch vereint.
Wie oft haben wir bewiesen,
dass uns nichts entzweit.

Auch wenn der Anfang
war holprig und schwer,
würd' ich alles genauso machen,
und noch so viel mehr.

Denn du warst,
nein bist,
mein wahrgewordener Traum.
Mit Dankbarkeit
werd' ich auch weiterhin
in unsere Zukunft schau'n.

ALLES NUR FAKE

Ihr küsst euch,
streichelt und betüdelt.
Was keiner sieht,
ihr seid euch müde.
Die Worte lieblich,
die Stimme sanft.
Hinter geschlossener Tür
tanzt ihr einen anderen Takt.
Ihr redet klar und ganz vornehm.
Ist niemand da,
so wollt ihr geh'n.
Kein Makel gibt´s,
so scheint's von außen.
Doch innerlich,
seid ihr beide draußen.
Die Liebe weg,
der Kummer da.
Doch jemanden haben,
wunderbar.
So spielt ihr weiter dieses Spiel.
Und keiner merkt,
es fehlt euch viel.
Zusammen
geht ihr beide ein,
doch wunderbar,
seid nicht allein.

HERR MANN

Ein Mann zu sein,
das ist dein Ziel.
Man(n) sagte dir,
es braucht nicht viel.

Emotionen sicher keine!
Dies ist bekanntlich nicht sein Leide,

Gekuschelt wird niemals bis kaum.
Das ist auch nur der Frauen Traum.
Liebe spürst du im Schritte nur.
Gefühlsduselei ist wider die Natur.

Ziert Frau sich erst zu Beginn,
musst' kämpfen, bis es dich zu Tode bringt.
So wird´s von Anfang an auch dir gelehrt.
Ein „Nein" ist nur ein „Ja" hinausgezerrt.

Mit erster Enttäuschung merkst du dann,
dass etwas ganz und gar nicht stimmen kann.
Der Kloß im Bauch nimmt stetig zu,
dunkle Gefühle lassen keine Ruh.

Zwanghaft versuchst du zu entfliehen,
und landest dann bei Wein und Bieren.
Mit ihnen fühlst du dich nicht nur gut,
sie geben dir auch neuen Mut.

Wirst lustig und auch selbstbewusst,
bis vor dem Gesetz dich erklären musst.
Nichtsdestotrotz, alle Freunde feiern dich,
damit der Teufelskreis ja nicht durchbricht.

Denn Mann zu sein,
das ist nicht schwer.
Wo kämen sonst
die Männer her?

FRAU SCHÖNSEIN

Schicke Nägel
Aufpoliert
Schöne Kleidung
Make-up beschmiert
Schuhe hoch
Bauch so flach
Kinn hält noch
Mund der lacht
Straff der Busen
Rein die Haut
Wird gehen zur Muße
Ein Augenschmaus
Doch hinter der Fassade
Lächelndem Gesicht
Birgt Unsicherheit
Denn Schönheit
Die ist Pflicht

FRAU MÜTTERLICH

Du willst es doch,
nur weißt es nicht.
Mutter werden,
quasi Pflicht.
Wer Eierstöcke hat, muss werden
Wurfmaschinerie auf Erden.
Was macht Frau denn sonst nur aus?
Ohne Kind kein Saus und Braus.
Egoistisch erscheinst du, wenn sagst nein.
Und enden wirst du ganz allein.
Die Uhr, die tickt.
So sagt man dir.
Du lauschst gespannt,
doch hörst sie nie.
Du willst es doch,
nur weißt es nicht.
Mutter werden,
quasi Pflicht.

PROBLEME AN ZONEN

Problemzonen,
dieses Wort suggeriert: es gibt Probleme an
Zonen.
Wobei es nur ein einziges Problem gibt,
und dies an unserer Gesellschaft liegt.

Wir müssen nicht mehr hungern
oder leise verstummen.
Wir müssen uns keinen Schutz mehr suchen,
und auch keine Flucht versuchen.

Die wirklichen Probleme gibt es hierzulande nicht
mehr,
darum fällt uns glücklich sein auch so schwer.
Wir müssen uns nicht mehr denken:
„Genau da wird man uns ein glückliches Leben
schenken"

Eigentlich sollten wir glücklich sein,
doch die Gesellschaft ist leider oft ein Schwein.
Der Kapitalismus lenkt das System,
und niemand kann glücklich durchs Leben
gehen.

Also haben wir plötzlich andere Probleme,
bei denen auch das Geld mitrede.
Wir müssen an uns arbeiten, immer härter,
bis die Geldbeutel sind immer leerer.

Wir müssen Überflüssiges wegtrainieren und
Produkte kaufen,
die dann ergeben einen erbärmlichen Haufen,
den wir täglich ansehen müssen,
der stetig größer wird, nach etlichen Ergüssen.

Doch die Problemzonen werden nicht kleiner,
es gibt immer mehr davon und sie werden feiner.
Eben noch gegen böses Bauchfett gekämpft,
ist es nun ein Haar an der Wirbelsäule das Blicke
auf dich lenkt.

Anstatt einfach zu akzeptieren, wir sind alle
perfekt wie wir sind,
suchen wir weiter Probleme, bis die Individualität
verschwind´
und das obwohl es nur ein einziges Problem gibt,
und dies einfach nur an unserer Gesellschaft
liegt.

ALTER GIBT RECHT

Ihr denkt euer Alter gibt euch Vorrecht und
Respekt,
alles was neu ist, ist grundsätzlich schlecht.
Den Respekt, den ihr erwartet,
gebt ihr nicht zurück.
Das zu erwarten, wäre verrückt.
Ihr wisst alles besser,
die Erfahrung hat euch geprägt.
So nehmt ihr in Kauf,
dass euch niemand erträgt.
Alter ist nicht gleich Weisheit,
und das gibt euch nicht die Freiheit,
auf die Köpfe der Jungen zu spucken,
auf das sie eure „Weisheit" blind
hinunterschlucken.
Horcht auf und hört gut zu,
lauscht gespannt jungen Geistern und gebt Ruh'.
Auch ihr könnt noch so viel lernen,
alleine könnt ihr nicht alles erklären.
Nur wer offen ist, erkennt auch neue Wunder.
Und entdeckt im Alter noch wertvollen Plunder.

NICHT DEIN KÖRPER

Was würden deine Eltern sagen?
Musst du nicht erst deinen Freund noch fragen?
Veraltet, misogyn, konservativ.
Es scheint, jeder darf über meinen Körper
bestimmen, nur nicht ich.

KUNST

Wo darf ich nun sein? Und wo soll ich sein wie ich
nicht bin?
Wo ist die Grenze? Wo der Sinn?
Wenn ich mich selbst nicht zum Ausdruck
bringen darf?
Wo ist dann der Kunst ihre Ursprungskraft?
Wo hört Kunst nun auf?
Kritiker gibt´s zu Hauf.
Doch wird nicht nur kritisiert, wenn es ist ein
eignes Begehr?
Welches man aus Scham unterdrückt, und zwar
sehr?
Oder weil es in Kindertagen eingetrichtert wurde?
Oh du meine Scham, was bist du doch für eine
Bürde.
Muss ich mit meinen Werken nun jedem
entsprechen?
Oder darf mein Selbst damit ganz durchbrechen?
Und wenn ja, in welchem Maße dann?
Und ist es auch das, was ich wirklich kann?
Wenn die Vernunft wird über das Kreative siegen,
wird dann nicht all die Kunst auch mit versiegen?
Die Kunst, die nur auch jener verstehen kann,
der sein Innerstes nicht hält gefangen.
Der, der offen ist, auch neues zu entdecken,
was tief im Inneren versucht sich zu verstecken.

Die Angst, die Scham vor dem Machtlosen,
welche sich festigt in neuen Moden.
Jedem alles recht zu machen,
so wirst du nichts neues erschaffen.
So hör' doch auf und nur auf dich,
damit in Kunst dein Selbst durchsticht.

ABLENKUNG, DIE

Ich versuche kreativ zu sein,
doch alles hindert mich.
Das Kind der Nachbarn schreit,
Ach, ich versteh mich einfach nicht.

Versuch zu lesen, mich zu inspirieren,
die Nachbarin schreit.
Ich höre auf zu fantasieren.

Versuch den Kopf ganz auszuschalten,
doch nun mäht jemand den Rasen,
all die wärmenden Gedanken erkalten.

Aber jetzt, jetzt hab' ich´s.
Mein Partner kommt und quatscht mich an.
Und plötzlich ist da wieder gar nichts
Wie komm' ich nur voran?

Beginne erneut und lass Ideen sprießen,
dann ein schrilles Lachen
und ein furchtbares Niesen.

Meine Gedanken wieder überall,
nur nicht fokussiert.
Obwohl es mir immer war egal,
was meine Nachbarn interessiert.

Vielleicht sollte ich es heute einfach gut sein
lassen,
aber aus heute wird morgen,
meine Ideen werden verblassen.

Also setze ich den Stift erneut zum Schreiben an,
damit ich endlich weiter komm',
und meine Ideen niederschreiben kann.

DER BEGINN VON CORONA UND DIE PLÖTZLICHE LIEBE AUF ERDEN

Können wir uns nicht jeden Tag sagen,
pass auf und bleib gesund,
Liebe am Stück verteilen,
braucht es da wirklich einen Grund?
Die Worte, sie klingen so ehrlich,
und ich wünschte, es gäbe noch mehr.
Und obwohl ich sie momentan oft höre,
weiß ich: sie sind einfach nur leer.
Denn man fragt nicht aus wirklichem Interesse,
sondern um teilzunehmen an der unheiligen
Messe.
Damit man zeigen kann man nimmt Anteil,
damit jeder weiß, die Welt ist nicht heil.
Doch stell dir vor, alles wäre ehrlich,
wäre die Welt dann nicht ein Stück weit herrlich?
Mit Liebe gepflastert und warmen Worten,
mit Umarmungen und unendlich vielen
Milchshakesorten.
Stell dir vor, jede Frage ist ehrlich gemeint,
wäre es dann nicht das, was dich am meisten
freut?
Dich preiszugeben und Sorgen zu teilen?
Dich kundzutun und an Ideen zu feilen.
Stell dir vor jeder wünscht dir: „Bleib gesund",

und alles wäre mit Liebe bemalt, was kommt aus
deren Mund.
Stell dir vor, jeder sagt: „Pass auf dich auf!",
würdest du dann einen stufenlosen Schritt
nehmen in Kauf?
Wenn uns diese Krise etwas lehrt,
dann hoffentlich die guten Worte, die jeder
begehrt.
Lasst uns das beibehalten, auch wenn die Worte
sind leer,
die Liebe verbreitet sich in den Herzen anderer
umso mehr.
Und vielleicht, aber nur vielleicht, merken wir
dann, was wirklich zählt.
Beziehungen zu anderen Menschen sind einfach
so viel wert.
Auch wenn sie sind oberflächlich, lass ein
Lächeln da,
es könnte der anderen Person Himmel werden
wieder klar.

AFTER CORONA – EINE UTOPIE

Und die Türen, sie öffnen sich wieder.
Und die Menschen umarmen zufriedener.
Und teilen das Glück der Liebe.
Die Liebe, die im Herzen, hinter Bildschirmen
versteckt bleiben musste.
Weil niemand die Dauer der Krise vorher wusste.
Und sie lachen und tanzen auf den Straßen,
und sie trinken Kaffee in kleinen Gassen.
Und sie genießen beim Schwimmen die Sonne in
ihrem Herzen,
und sie vergessen all den Kummer, all die
Schmerzen.
Und sie feiern Partys noch ausgelassener als
zuvor,
und sie singen freudig Lieder gemeinsam im Chor.
Und sie besuchen Märkte, wie früher sonst auch,
als wäre es ein lang gelebter Brauch.
Und sie feiern auf Konzerten so viele Künstler,
und feiern auf Festivals, bis der Himmel wird
düster.
Und sie zählen die Sterne auf der Wiese liegend,
und sie betrachten den Mond, zum Niederknien.
Und sie atmen Glück ein und Seligkeit aus.
Und sie öffnen die Türen zu ihrem eigenen Haus.
Und sie laden freudig wieder Freunde ein,
und sie wissen Freundschaft und Liebe kehrt
wieder ein.
Und sie betrinken sich laut und frohen Mutes,

und bedienen sich dabei dem Alkohol nicht eines
Schluckes.
Es ist die Glückseligkeit,
die in den Herzen der Menschen wieder scheint.
Es ist die Erkenntnis,
dass Freundschaft das Elixier zum Glück ist.
Es ist die Antwort,
dass ein Miteinander alle Nerven schont.
Es ist die Liebe,
die in euren Herzen wohnt.
Die Liebe, die größer wird, wenn man sie teilt,
die Umarmung, die alle Wunden heilt.
Die Emotionen in Gesichtern zu sehen,
und wortwörtlich hinter jemanden zu stehen.
Es ist die Freundschaft,
mit der man alles schafft.
Die Familie, die man sich aussucht und welche
dir gibt Kraft.
Es ist Freude zu geben und zu nehmen,
es ist gemeinsam ein Stück weit zu gehen.
Es ist sich bewusst zu werden welche Privilegien
man hat.
Es ist zu schätzen lernen, was das Leben ist für
ein Schatz.
Es ist Zeit, dankbar zu sein und sich selbst zu
überdenken.
Es ist Zeit, Unzufriedenheit aus dem Leben zu
lenken.

Sich neu zu sortieren und auszusortieren,
sich in Umarmungen und Liebe verlieren.
All dies erwartet uns nach dieser Zeit,
nimm diese Worte mit zur Heiterkeit.

HASS

Hass
Wie Liebe
Nur anders
So gleich
So nah
So fern
Hassen kann
Wer liebt
Hass
Ist Wut
Die Liebe empfindet
Hass
Wie Liebe
Nur anders

MITTELALTER

Noch keine Frau
Und doch kein Kind.
Die Tage,
einer nach dem anderen, verschwind'.

Eben war meine größte Sorge noch,
werd' ich oder werd' ich nicht gemocht.

Das besorgt mich immer noch sehr,
aber dazu kommt jetzt so viel mehr.

Rechnungen, Verantwortung und Arbeit,
lassen verfliegen meine ganze Zeit.

Wo ich früher blickte zu oft nach vorn,
blicke ich jetzt zurück, voll Wehmut und Zorn.

Möcht' weiterhin spielen und traurig sein dürfen,
und mich nicht unter Tränen erklären müssen.
Möcht' behütet und beschützt werden,
nicht bei jeder Enttäuschung fast sterben.

Möcht' Jausenbrot, Tag für Tag geschmiert,
nicht selber kochen, was gehört noch optimiert.

All diese Dinge möchte' ich zurück,
und noch so viele mehr.
Doch seh' ich ins heute,
erkenne ich, mein Leben ist gar nicht so schwer.

Wird zwar weder als Kind noch erwachsen
anerkannt,
kann mich aber bilden und werd' nicht mehr
geführt von einer Hand.

Steck' dazwischen, irgendwo im Mittel-Alter fest,
bin aber weder allein noch muss ich bestehen
einen Test.
Also nehm' ich allen Mut in mir zusammen
Schau glücklich auf mein Leben und schreite
weiter von dannen.

GLÜCKSTINKTUR

Wer sagt uns, was Glück ist?
Was glücklich macht?
Wo ist das Rezept, die Wundertinktur,
die Formel, mit der man alles schafft?

DER WINTER UND DER FRÜHLING

Zwei Gezeiten wettern gegeneinander, das Spiel
ist noch nicht entschieden.
Keiner gibt sich mit dem was er hat zufrieden.
So hat der Winter das Weiß auf den Bergen,
und der Frühling die prachtvollen Blumen in den
Beeten.
Und der Winter den Wind, ganz eisig und
schaurig.
Und der Frühling die Sonne, so wärmend, nicht
traurig.
Doch es ist nicht genug, beide wollen noch mehr,
und kämpfen darum hart, und zwar sehr.
Der, der am meisten darunter leidet, scheint der
Mensch allein.
Denn er hat verlernt, mit der Natur eins zu sein.
Er ist verwirrt und kleidet sich zu wenig oder zu
viel,
weil er nicht versteht, was die Natur von ihm will.
So wird er krank, denn nach dem Schwitzen
beginnt er zu frieren.
Dann sperrt er sich ein und schaut wehmütig
hinaus zu den Tieren.
Und der Winter fragt sich, wo er geblieben ist,
und merkt langsam: seine Zeit, die ist jetzt nicht.
Er zieht sich zurück und gibt dem Frühling
Raum,
und die Luft wird wärmer, die Berge grüner,
welch' lang ersehnter Traum

BLATT, GOLDIG

Goldig liegt das Blatt vor mir.
Gedankenverloren ich studier'.
Knisternd brechen Blätter unter Füßen,
während diese meine schnellen Schritte tragen
müssen.
Duftend fällt das Laub herab
auf mein Haupt, Gedanken reißen ab.
Einen Moment lang halt ich inne.
Genieße leise atmend die Stille.
Nur die Laternen durchbrechen das Dunkel.
Viele Sterne, die zusammen einsam funkeln.
Orange – gefärbt ist das Blatt in meiner Hand.
Der Herbst hat es in seinem Tatendrang
verbrannt.

VERÄNDERUNG

Ich weiß, dass ich so gut wie gar nichts weiß.
Das gilt ebenso für meinen Geist.

Ich weiß zwar, was ich heut' begehr',
zwar nicht genau, doch ungefähr.

Mein Begehr, es wechselt von Stund' zu Stund'.
Nicht alles was ich heut' sag, verlässt auch
morgen meinen Mund.

Neue Erkenntnisse bringt jeder Tag,
auch wenn das selten jemand hören mag.

Unauthentisch scheint´s zu wirken,
welche Gegensätze andere bemerken.

Die Veränderung bleibt ein ständiges Geleit,
egal wo man auch ist in Raum und Zeit.

So bleibt auch nichts und niemand davon
verschont,
da dies in jedem Geiste wohnt.

Nur wer sich Änderungen hingibt auch weiterlebt,
einzig der Tod, der auf ewig stillsteht.

VON GALAXIEN UND STERNEN

Weiter entfernen sich die Galaxien und wir
werden immer kleiner,
wie unbedeutend unsere Probleme sind und doch
grübeln wir weiter.

Und es gibt Abermillionen Galaxien und Sterne,
und wir verweilen hier unten bis wir sterben.

Jahrhunderte alt sind die Gebilde, die wir sehen,
wo unser Leben just vor einer Sekunde begann zu
entstehen.

Durch Teleskope blicken wir in die Vergangenheit,
und hoffen, dass sich dort ein anderes Leben
zeigt.

Doch wenn wir es entdecken, könnt es schon tot
auch sein.
Allein dieser Gedanke bringt mein Herz zum
Weinen.

Und was, wenn ein anderes Geschöpf jetzt zu uns
schaut?
Wird es dann mit Dinosauriern vertraut?

Oder sieht es gar mich wie ich soeben schreibe?
Doch würde ich dann nicht im längst
Vergangenen verweilen?

X-Millionen Jahre wäre die Erde dann schon
älter.
Wäre der Planet, dann auch etwas kälter?

Gibt es dann die Menschheit, welche es sieht,
noch?
Oder sind wir nur Bilder aus einer längst
vergangenen Epoch'?

Sollten wir uns auch weiter so wichtig nehmen,
wenn unsere Zellen doch schon dabei sind zu
sterben?

Wo wär' des Menschen Sinn im Leben,
wär' dieser nur sich fortzupflanzen und alsbald zu
sterben?

Wäre das nicht traurig oder ist das erst der
Anfang,
die Antwort zu finden, die bisher keiner fand?

Was hat das Dasein wohl für einen Sinn?
Liegt die Antwort in uns drin?

Und während wir uns selbst das fragen,
explodiert das Universum weiter,
und die Galaxien im Weltraum entfernen sich
heiter.

BLÜMCHEN GELB

Blümchen so gelb,
was starrst du mich an.
Was du mir alles sagen kannst.
Du wachst in den Tag, ohne zu denken,
ohne Sorgen zu verwelken.
So viel könnt' ich von dir lernen.
Gespannt lausche ich und verweile
Bis sie erwachen, die Sterne.

ES FOLGT EIN GEDICHT AN MICH

FRÜHLINGSKIND

An jenem Tag gut aufgehoben,
ist Sonnenschein auf dich geflogen.
Für Dunkelheit und Kälte nun keine Zeit,
Hast diesen Einen verbannt, ganz, ganz weit.
In Urlaub hast du ihn geschickt,
in dem Moment er dein Antlitz hat erblickt.
Mit Feuer magst du geboren sein,
sinnlich und wärmend, wohl auch mein.
Von Natur aus Romantik dich umgibt.
Im Haus der Gestirne das Gefühl dir zu Füßen
liegt.
Hab' mich verloren in diesem Sinn,
der Liebe Anfang war nun Beginn.
Dich zu finden war mein größtes Muss,
lass uns eins sein mit diesem einen Kuss!

René Thoma

DANKE

Danke, Madeleine, für deine Unterstützung und die vielen Beistriche.

Danke, Kristina, für deine Inputs und Hilfe bei der Grammatik.

Danke, Tatjana, für das unglaublich schöne Design und deine Ideen.

Danke, Rene´, für deine Unterstützung und deinen Glauben an mich und meine Texte.

Danke, an alle die mich unterstützt, *gehyped,* mit mir philosophiert und mich somit zu einigen dieser Texte inspiriert haben.

Fortsetzung folgt:

Inhalt

Autorin:

Anna Sailer wurde 1995 in der Seestadt Bregenz geboren und ist Ingenieurin in der Bautechnik.
Ihre Vorstellungskraft wurde in Kindertagen gefördert, indem sie Violine spielen lernte und viel Zeit in der Natur verbrachte.
Durch das Notieren der Gedanken und Gefühle wurde sie auf das Schreiben aufmerksam, was schließlich zu ihrem ersten Werk führte.
Weitere Gedicht- und Romanprojekte sind in Arbeit.